Bruno Osimo

TERMINOLOGIA SEMIOTICA E SCIENZA DELLA TRADUZIONE

Esempi nella
combinazione
inglese-italiano

Bruno Osimo è un autore/traduttore che si autopubblica

La stampa è realizzata come print on sale da Kindle Direct Publishing

ISBN 9788831462242 per l'edizione cartacea
ISBN 9788831462235 per l'edizione elettronica

Contatti dell'autore-editore-traduttore: osimo@trad.it

Sommario

Terminologia semiotica e scienza della traduzione. Esempi nella combinazione inglese-italiano

In Europa occidentale abbiamo la tendenza a distinguere discipline umanistiche e scientifiche. Non è però assodato che necessariamente quando l'oggetto di studi è "umanistico" il metodo d'indagine non possa o debba essere comunque scientifico. Anzi, un approccio impressionistico alla scienza della traduzione è forse ciò che maggiormente ci differenzia dalla metodologia della ricerca a livello mondiale. In questo intervento mi propongo di descrivere alcune conseguenze negative dell'uso di parole (anziché «termini»[1]) nel dibattito traduttologico in italiano e in inglese. E cerco di anticipare alcune argomentazioni contrarie all'uso esclusivo di termini scientifici, relative alla componente mentale del processo traduttivo.

---

[1] Impiego questa parola con il significato (più rigorosamente etimologico) presente in Webster 1997: «word that has a precisely limited meaning in certain relations and uses, or is peculiar to a science, art, profession, or the like; as, a technical term».

1. Le parole per non dirlo

Parlando di traduzione, si sentono spesso le parole *equivalent, free, adequate, acceptable, faithful, close, far, literal* (equivalente, libero, adeguato, accettabile, fedele, vicino, lontano, letterale) in tutte le varianti linguistiche. Si tratta di un ostacolo importante all'efficacia del dibattito, poiché queste sono parole generiche impiegate dai ricercatori che vi attribuiscono significati molto diversi tra loro. Non sono termini, ossia entità definibili scientificamente con i quali si mostra che l'intera comunità intende la stessa cosa in modo ripetibile.

Noi tutti conosciamo la differenza tra le parole generiche che usiamo parlando e scrivendo e i termini che caratterizzano le lingue speciali e le traduzioni specializzate. Desidero qui mettere in risalto l'importanza di trasferire le regole delle lingue speciali al metalinguaggio traduttivo, di modo che vi possa regnare l'equivalenza (interlinguistica) e vi siano bandite la sinonimia e la polisemia a vantaggio dello sviluppo del dibattito.

2. Razionalità del processo traduttivo e "arte"

La traduzione non è che uno dei tanti tipi di comunicazione. Dato che la comunicazione è considerata senza nessuna difficoltà – nei curricula universitari, per esempio – una scienza, perché dovremmo esitare a considerare scienza anche la traduzione? Anche la traduzione narrativa e poetica fa parte di quella scienza perché, pur implicando creatività – come tutti gli altri tipi di traduzione, peraltro – si tratta di creatività mediata dalla ragione. Se il "protoautore" ha avuto la facoltà di scrivere in

modo "spontaneo", o quanto meno di riportare scambi spontanei tra parlanti, il traduttore, di fronte a questo testo spontaneo, deve razionalmente determinare una strategia e una tecnica che gli permettano di riprodurre "a tavolino" tale – pretesa – spontaneità.
Quindi tradurre è un'attività razionale anche quando ha come oggetto testi creativi.

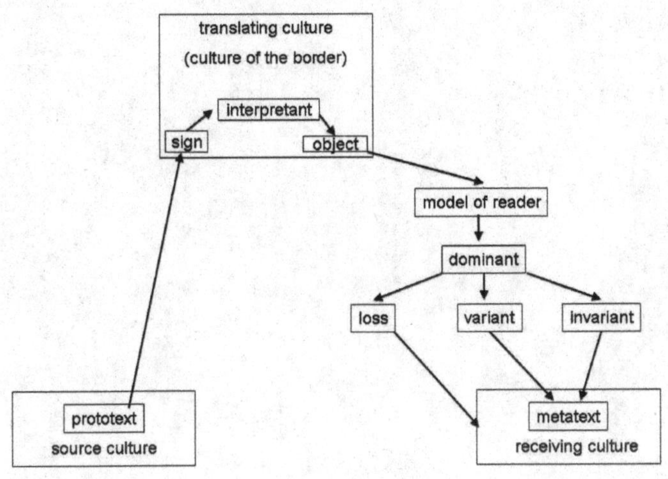

translating culture
(culture of the border)
interpretant
sign
object
model of reader
dominant
loss
variant
invariant
prototext
source culture
metatext
receiving culture

3. Mente e ragione

L'obiezione principale all'assunto precedente è che parte di tale attività razionale (quella nel grafico racchiusa nel rettangolo centrale superiore della cultura traducente) avviene nella mente del traduttore, e si tratta della parte più preziosa nell'epoca della riproducibilità tecnica: quella che i computer non riescono a imitare. Per questo motivo una traduzione che io potrei impressionisticamente definire "fedele" potrebbe non esserlo affatto per ciascuno di voi: la mente di ciascun traduttore collega parole e sensi in modo più o meno sottilmente diverso.

Come ha detto Nabókov, ogni autore «is rather particular about the precise reproduction of his phrase» (1973:182) proprio perché per ciascuno tale riproduzione ha un senso (anche) personale.

Tale idiomorfismo del collegamento è spiegato dal concetto di *interpretant* di Peirce: lo immagino come una sorta di diamante nella nostra mente che, quando viene colpito dal raggio di una parola del prototesto, produce vari raggi che si proiettano sulla cultura ricevente colpendo vari punti in vari modi, cambiando col tempo e da una persona all'altra, perché questo diamante è plasmato via via dall'esperienza personale.

Se si considera la traduzione in questa luce, tutti gli altri passaggi del processo traduttivo (quelli che avvengono al di fuori della mente) sono definibili in modo molto chiaro in termini scientifici: il messaggio dalla cultura emittente viene gestito in modo tale da essere inviato a un lettore modello identificabile razionalmente, e per questo lettore il traduttore sceglie razionalmente una dominante e alcune sottodominanti che sono parti necessarie del messaggio, mentre vi è una parte che nel trasferimento viene persa, una parte di residuo.

4. Rumore semiotico e residuo traduttivo

Tale perdita è necessaria, si verifica in ogni caso, come ci informa la teoria matematica della comunicazione (Shannon e Weaver 1949). Per questo motivo è più serio tenerne conto fin dal principio (Torop 1995), prevedendo mezzi per compensare la perdita al di fuori del testo tradotto (nel cosiddetto paratesto o metatesto[2]).

---

[2] [Il mio modello] «mostra il carattere creativo di tutti i generi di processo traduttivo, perché tutte le traduzioni richiedono scelta, le scelte non sono interamente determinate dalle

Questa concezione ha il vantaggio di separare la parte personale dell'interpretazione dalla parte razionalizzabile del processo traduttivo: mentre la prima è indubbiamente soggettiva e quindi non discutibile a livello scientifico, tutte le altre parti sono razionali e, se concepite in modo razionale, possono essere discusse in termini scientifici.

Firth nel 1956 scriveva: «There have been long discussions on meta-languages and clashes of

informazioni di base necessarie per la traduzione né dalle informazioni necessarie per la traduzione, e la libera scelta è creatività» Lûdskanov, 1975:8.

opinion on the technical languages of linguistics, but the place of translation in linguistics has not been adequately studied. The achievement of translation is a main challenge to linguistic theory and philosophy. Do we know how we translate? Do we even know what we translate? If we could answer these questions in technical terms we should be on the way to the formulation of a new and comprehensive general theory of language and firmer foundations in philosophy[3]».

---

[3] «Vi sono state lunghe discussioni sui metalinguaggi e contrasti d'opinione sui

Per quanto riguarda parole come *equivalent, free, adequate,*

---

linguaggi tecnici della linguistica, ma il posto della traduzione nella linguistica non è stato studiato in modo adeguato. La possibilità della traduzione è una delle sfide principali per la teoria linguistica e la filosofia. Sappiamo come traduciamo? Sappiamo almeno cosa traduciamo? Se sapessimo rispondere a queste domande in termini tecnici, saremmo sulla strada della formulazione di una nuova e completa teoria generale della lingua e di fondamenta più solide per la filosofia». Firth 1956:83.

acceptable, faithful, close, far, in una prospettiva terminologica il punto di crisi sta nella costruzione di significati per opposizione (il criterio dei "contrari" è davvero poco scientifico, tenendo conto dell'anisomorfismo dei codici naturali). *Adaptation* può avere senso solo se lo si contrappone a *translation* (anche se risulta impossibile tracciare il confine preciso tra i due), *faithful* solo se si contrappone a *free*, ma ogni volta si tratta di un continuum che non ha limiti precisi, e in nessun caso si riesce a costruire un discorso che non sia fondato su una dose notevole di implicito culturale, e quindi destinato a generare discussioni e malintesi a non finire. Si tratta di parole, non di termini.

Già nel 1964 Revzin e Rozencvejg rilevavano:

Nella teoria della traduzione da tempo si osservano concetti come traduzione «letterale», «adeguata», «libera» e così via. Questi concetti non sono costruiti su un criterio unico: da un lato, significano fenomeni linguistici (corrispondenza o mancata corrispondenza di quello o altro elemento della lingua ricevente con un elemento della lingua emittente), dall'altro fenomeni estetico-letterari; la corrispondenza o la mancata corrispondenza di un'immagine, di peculiarità di genere o individuali e così via. Per edificare una teoria scientifica che si ponga come obbiettivo la descrizione costruttiva del processo, questi concetti vanno sostituiti con [concetti] più precisi[4].

Affrontando la traduzione da un punto di vista semiotico-comunicativo, forse si riesce a ragionare su elementi più certi.

---

[4] Revzin e Rozencvejg 1964: 121.

5. Comunicazione trasformativa

La traduzione è «comunicazione trasformativa» o «trasformazione del messaggio»[5]. In questo atto di trasformazione occorre quindi puntare l'attenzione su ciò che si modifica e ciò che rimane invariato: variante e invariante della traduzione. Dato che «no translation is either complete or final»[6], ciò significa che a uno stesso prototesto possono corrispondere diversi metatesti, e in ciascuno di questi si modifica il contenuto invariante. La traduzione è un

---

[5] Revzin e Rozencvejg 1964: 64.
[6] Firth 1956: 79.

processo a stimolo chiuso (il prototesto) e a risposta aperta (i metatesti possibili).

Per definizione, il metatesto non è mai equivalente al prototesto, poiché in comune con questo ha solo la componente invariante. Credo che sia necessario utilizzare la teoria dei grandi classici della semiotica, non per venerarla in astratto, ma per trovarne applicazioni pratiche.

6. Triade peirciana e triade traduttiva

A ben vedere, la triade sign-interpretant-object di Peirce non è molto lontana dalla triade source culture-translating culture-receiving culture del processo traduttivo.

La traduzione è realizzata per un determinato obbiettivo, con un determinato scopo. Nello schema riportato sopra (in 2), tutte le parti esterne al rettangolo della cultura traducente sono analizzabili razionalmente: sia la parte che riguarda le relazioni tra cultura emittente e traduttore, sia la parte che riguarda le relazioni tra traduttore e cultura ricevente. I termini chiave sono prototesto, lettore modello, dominante, variante, invariante, residuo, metatesto, paratesto.

La traduzione si rivolge a qualcuno, un po' come il segno per Peirce:

A sign, or representamen, is something which stands to somebody for something in some respect or capacity. It addresses somebody, that is, creates in the mind of that person an equivalent sign, or perhaps a more developed sign. That sign which it creates I call the interpretant of the first sign.

The sign stands for something,
its object[7].

Un testo crea nella mente di chi
lo legge un "testo traducente".
Se chi lo legge lo traduce in
altra lingua, si rivolge, oltre che
a sé stesso, anche a qualcun

---

[7] «Un segno, o representamen, è
qualcosa che sta secondo
qualcuno per qualcosa in
qualche aspetto o capacità. Si
rivolge a qualcuno, ossia, crea
nella mente di quella persona un
segno equivalente, o forse un
segno più sviluppato. Quel
segno che crea lo chiamo
interpretante del primo segno. Il
segno sta per qualcosa, il suo
oggetto». Peirce, CP, 2, 2, 228.
Neretto aggiunto.

altro. La scelta del lettore modello racchiude in sé implicitamente la scelta dell'invariante (e quindi del residuo).

Revzin e Rozencvejg disegnano un triangolo simile a questo, senza fare esplicitamente riferimento a Peirce.

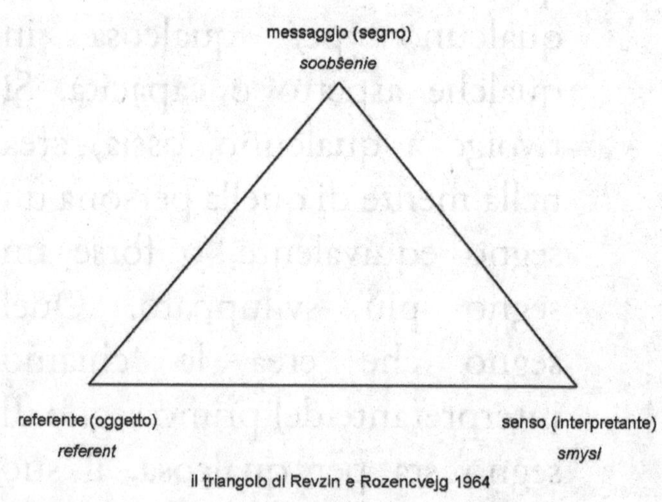

il triangolo di Revzin e Rozencvejg 1964

In questo loro triangolo (rovesciato in senso orario rispetto a quello peirceiano) i tre vertici sono *soobŝenie* [messaggio] (al posto di *sign*), *smysl* [senso] (al posto di *interpretant*) e *referent* [referente o denotato] (al posto di *object*: ma anche Jakobson talvolta usa la parola *denotatum* per significare l'oggetto).

L'equivalenza, intesa però come corrispondenza, esiste dunque in modo soggettivamente univoco tra segno e interpretante (senso individuale), ma al passaggio successivo, quello tra senso individuale e oggetto, si ha una molteplicità di esiti:

«La prima difficoltà consiste nel fatto che il senso non corrisponde sempre in modo monosemico al frammento di realtà (o, come diremo, referente. A volte con lo stesso senso si usa il termine «denotato») significato da quel dato messaggio»[8].

---

[8] Revzin e Rozencvejg, 1964:65.

7. Dominante e ideologia

Ogni traduzione è non equivalente al proprio originale in modo diverso, in funzione del lettore modello (ossia in funzione di un'ideologia esterna, esplicita, a cui si fa riferimento in modo volontario e razionale). Ma, pragmaticamente, tale operazione viene svolta da un traduttore, che ha una propria ideologia traduttiva e comunicativa, e che ritiene che un determinato prototesto vada proiettato verso una cultura ricevente «in some respect or capacity», ossia con una certa dominante.

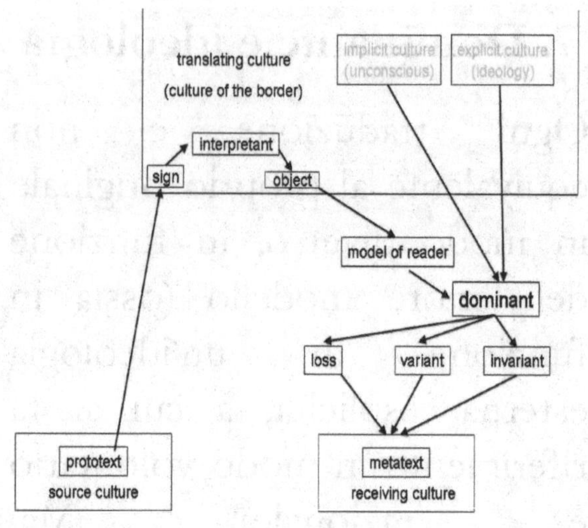

Cosa si intende per «dominante»? È la caratteristica essenziale di un testo, intorno alla quale si costituisce il testo come sistema integrato. Questa definizione è molto generica, nel senso che è molto vincolata al contesto culturale in cui è espressa. Proprio per questa definizione culturospecifica, esistono molti modi diversi di pensare al riguardo, e quindi la scelta della dominante dipende dall'ideologia – implicita ed esplicita – del traduttore. Non intendo dire che necessariamente il traduttore manipoli la propria comunicazione con un secondo fine. Ma il solo fatto che decida qual è la dominante di un certo testo in una determinata cultura è una scelta, e quindi espressione di una sua ideologia.

Per esempio, in questa frase, tratta da un testo sul ruolo della donna nella famiglia contemporanea:

Their intellectual talents are subordinated to their nurturing talents.

La dominante formale è il parallelismo, con la ripetizione di talent accostato a due aggettivi diversi. Perciò nella mia strategia traduttiva forzo la versione in questa direzione per mantenere la dominante originaria:

I loro talenti intellettuali sono subordinati ai loro talenti accuditivi.

In quest'altra frase, inserita in un testo sulle allergie domestiche:

We became soldiers in the war against this disgusting unseen menace.

essendo dominante la metafora (ironica) della guerra e della sua retorica, qualsiasi mezzo è lecito pur di riprodurla in italiano:

Ci siamo ritrovati in prima linea nella guerra contro la disgustosa minaccia invisibile.

In quest'altra, tratta dallo stesso testo:

By the time we finished, the room looked as if it had been decorated by a prison warden.

Il tema, *by the time we finished*, è lungo proprio perché vuole, con la sua lunghezza e quantità di parole, esprimere il senso denotativo. Se stabiliamo che in questo caso per il tema la dominante è la lunghezza, tutto è lecito pur di creare una frase in italiano che abbia un significato simile e sia, pure, lunga.

Per quando avevamo finito, la camera sembrava arredata da una guardia carceraria.

Da questi esempi risulta evidente come la scelta della dominante sia una deformazione della forma e/o del contenuto del testo.

Essendo ciò inevitabile, è importante impostare la traduzione dichiarando la dominante prescelta, anziché farla subire al lettore inconsapevole.

8. Variabilità dell'invariante

Revzin e Rozencvejg per spiegare questa variabilità dell'invariante – solo in apparenza un ossimoro – sostengono, discostandosi «dalla teoria tradizionale, che l'invarianza del senso è [...] non una categoria assoluta, ma un'invarianza in relazione a un determinato linguaggio d'intermediazione». Se per «linguaggio d'intermediazione» s'intende l'interpretante individuale, ossia i segni mentali che fungono da mediazione, ecco che la mediazione traduttiva passa attraverso il filtro dell'ideologia del traduttore, e perciò stesso ammette versioni diverse (risposta aperta) di uno stesso originale (stimolo chiuso).

Vinay e Darbelnet già parlavano di «unità di pensiero»:

Il traduttore [...] parte dal senso ed effettua tutte le sue operazioni di trasferimento all'interno del campo semantico. Quindi ha bisogno di un'unità che non sia esclusivamente formale, dal momento che lavora alla forma solo alle due estremità del suo ragionamento. In queste condizioni, l'unità da isolare è l'unità di pensiero, conformemente al principio che il traduttore deve tradurre idee e sentimenti e non parole[9]. Con una terminologia semiotica rigorosa, e lasciando il giusto spazio agli aspetti mentali del processo traduttivo, si riesce a spiegare la variabilità delle traduzioni possibili senza essere costretti a etichettarle lungo lo spettro libero versus fedele.

---

[9] Vinay e Darbelnet 1958: 37.

9. L'equivalenza è morta: viva l'equivalenza

L'unico àmbito in cui l'equivalenza deve esserci (e non sempre c'è) è proprio la terminologia. Quando si svolge una traduzione specializzata, l'equivalenza lessicale interlinguistica esiste, trattandosi di un linguaggio artificiale (tecnico) che si esprime come sottoinsieme di una lingua naturale, come in questo esempio:

Press Return to go back to the initial search screen.

Per tornare alla schermata iniziale di ricerca, premere Invio.

E, poiché genererebbe confusione nel dibattito, è bandita la sinonimia, come per esempio in queste parole:

faithful
as synonym of
equivalent

literal
as synonym of
faithful

free
as synonym of
far

close
as synonym of
literal

Per questo stesso motivo è
anche impossibile usare parole
polisemiche come *faithful*:

faithful
with the same construction

faithful
with sentences of the same
length

faithful
with the same rhyme structure

faithful
with the same meter

faithful
with similar sound patterns

faithful
with words of the same
etymological root

faithful
with the same ...

È necessario che il dibattito scientifico si avvalga solo di termini. Il linguaggio oggetto è caratterizzato da termini rigorosamente scientifici, anziché da parole comuni. Quello che propongo quindi per la scienza della traduzione – anche in Italia – è trasferire il concetto di «equivalenza» dal linguaggio oggetto al metalinguaggio: ossia bandire la parola «equivalenza» e simili e realizzarne invece il concetto nella pratica terminologica.

Riferimenti bibliografici

FIRTH J. R. 1968 Linguistic analysis and translation, in Selected Papers of J. R. Firth 1952-59, Indiana University Press, Bloomington, 74-83.

JAKOBSON R. 1987 Language in Literature, a cura di Krystyna Pomorska e Stephen Rudy, Cambridge (Massachusetts), Belknap Press.

LYUDSKANOV [LÛDSKANOV] A. 1969 Traduction humaine et traduction mécanique, Paris, Centre de linguistique quantitative de la faculté des sciences de l'Université de Paris, due fascicoli. Edizione italiana Un approccio semiotico alla traduzione, Milano, Hoepli 2007.

LUDSKANOV [LÛDSKANOV] A. 1975 A semiotic approach to the theory of translation, in Language Sciences, aprile 1975, 5-8.

NABOKOV V. 1973 Strong Opinions, New York, Vintage, 1990.

OSIMO B. La traduzione saggistica dall'inglese. Guida pratica con versioni guidate e glossario, Hoepli, 2007.

PEIRCE C. S. 1866-1913 The Collected Papers of Charles Sanders Peirce, vol. 1-6 a cura di Charles Hartshorne and Paul Weiss, vol. 7-8 a cura di Arthur W. Burks, Cambridge (Massachusetts), Harvard

University Press, 1931-1935, 1958.

POPOVIČ A. 1975 Teória umeleckého prekladu, Bratislava, Tatran. Edizione italiana: La scienza della traduzione. Aspetti metodologici. La comunicazione traduttiva, a c. di B. Osimo, Milano, Hoepli, 2006.

REVZIN I. I. e ROZENCVEJG V. Û. 1964 Osnovy obŝego i mašinnogo perevoda, Moskvà, Vysšaâ škola. Edizione italiana: Manuale di semiotica della traduzione, a cura di B. Osimo, Milano.

SHANNON C. E. WEAVER W. 1949 The mathematical

theory of communication, Champaign (IL), University of Illinois Press.

TOROP P. 1995 Total´nyj perevod. Tartu, Tartu Ülikooli Kirjastus. Edizione italiana: La traduzione totale, a cura di B. Osimo, Milano, Hoepli, 2005.

VINAY J. P. DARBELNET J. 1958 Stylistique comparée du français et de l'anglais, Paris, Didier.

WEBSTER 1997 Webster's new world dictionary and thesaurus, New York, Macmillan Digital Publishing USA.

Aleksandr Blok Bolle di terra - Viola notturna - Maschera di neve
Aleksandr Blok Crocevia (edizione cartacea: La Vita Felice)
Aleksandr Blok Città (edizione cartacea: La Vita Felice)
Aleksandr Blok Poesie sulla bellissima dama
Aleksandr Blok Ante Lucem

Dino Campana Tutte le poesie
Vladìmir Majakovskij Tutte le poesie (1912-1930)
T.S.Eliot Canzone d'amore di J. Alfred Prufrock
Cantico dei cantici
Bruno Osimo Spazio intorno allo squalo
Bruno Osimo Poesie dall'ospedale psichiatrico
Bruno Osimo Poesie apocrife di Anna Ahmàtova
Bruno Osimo A Silva
Bruno Osimo Per tenerti la mano tra coyote e cinghiale
Bruno Osimo Sguardi rubati ; Gianpaolo Tescari
Bruno Osimo Bolle d'accompagnazione
Bruno Osimo Proposta sibillina
Bruno Osimo Ce l'hai scarico da un pezzo
Bruno Osimo Sei un vaso di fiori di campo
Bruno Osimo La scoiattola d'autunno

Bruno Osimo Semiotica semplice
Bruno Osimo Semiotics for Beginners
Bruno Osimo Semiotica per principianti
Lev Vygótskij, Pensiero e parola
Charles Sanders Peirce Filosofia della mente
Jurij Lotman Il testo nel testo
Jurij Lotman Le tre funzioni del testo
Jurij Lotman Autocomunicazione: «Io» e «Un altro» come destinatari
Jurij Lotman Le mie memorie 1922-1940
Jurij Lotman La semiosfera: culture
Jurij Lotman La cultura e l'intelligentnost'
Jurij Lotman Il ruolo dell'arte nella cultura
Jurij Lotman Asimmetria e dialogo
Jurij Lotman Il modello della struttura bilingue
Peeter Torop La semiotica della cultura. Introduzione alla scuola di Tartu fondata da Lotman.
Peeter Torop Biografia privata di Lotman attraverso gli autoritratti. Il discorso interno di uno studioso
Peeter Torop La transmedialità dell'autocomunicazione della cultura
Peeter Torop Sugli inizi della semiotica della cultura alla luce delle tesi della scuola di Tartu-Mosca

Opere di Gógol'

La lettera scomparsa
Notte di maggio ovvero L'annegata
La sera della vigilia di Ivàn Kupàla
La fiera di Soróčinci
Memorie di un pazzo

Opere di Solženìcyn

L'arresto. Vivere e morire ai tempi dei gulag
L'istruttoria. Torture, false confessioni, gulag
Storia delle fogne russe. Ondate di deportazione in gulag
La donna in lager. Vita quotidiana nei gulag

Opere di Čechov

Dùšečka
Zio Vanja
Tre sorelle
Il gabbiano
Il giardino dei ciliegi (L'amareneto)
L'insegnante di lettere
Dama con cagnolino: racconto
Casa con mezzanino (racconto di un pittore)
Racconto della signora X
L'isola di Sachalìn
La dacia nuova
A proposito dell'amore

I mužikì
Alle feste di Natale
Per affari di servizio
Nel baratro
Tre anni
Il duello
Ionyč: racconto
L'arciereo: racconto
La sposa: racconto
Kaštanka: racconto
Ragazzi: racconto
Principessa: racconto

Opere di Tolstój

Imparare a scrivere dai bambini
Infanzia
Non uccidere nessuno
Non posso stare zitto Contro la pena di
morte
Su ciò che viene chiamato «arte»
Il Vangelo spiegato ai bambini
Il parassitismo
Sonata «Kreutzer»
Il desiderio sessuale
Religione e morale
Perché la gente si droga?
Perché non mangio la carne

Peeter Torop Total Translation
Vlahov Florin The Translation of Realia
B., S.A. Osimo Cognitive distortion, translation distortion, and poetic distortion as semiotic shifts
Bruno Osimo On Psychological Aspects of Translation
Bruno Osimo Literary translation and terminological precision: Chekhov and his short stories
Bruno Osimo Basic notions of Translation Theory
Bruno Osimo Translation Studies. Contributions from Eastern Europe
Bruno Osimo Handbook of Translation Studies
Bruno Osimo Juri Lotman's Translation Handbook
Bruno Osimo Dictionary of Translation Studies
Bruno Osimo History of Translation
Bruno Osimo Roman Jakobson's Translation Handbook
Bruno Osimo The Translation of Culture
Bruno Osimo Prototext-metatext translation shifts
Anton Popovič La scienza della traduzione

Bruno Osimo La lingua non salvata
Bruno Osimo Traduzione giuridica e scienza della traduzione
Bruno Osimo Traduzione della cultura
Bruno Osimo Traduzione letteraria e precisione terminologica
Bruno Osimo Traduzione e qualità
Bruno Osimo Traduzione: aspetti mentali
Bruno Osimo La traduzione totale di Peeter Torop

Federico Bario Come batteva il tamburo
Aleksandr Ânov Le origini dell'autocrazia
Anatolij Rybakov Gli anni del grande terrore
Raffaello Giovagnoli Spartaco
Mihail Arcybašev Sangue
Mikhail Artsybashev Blood
Julija Voznesenskaja Decamerone delle donne
Solomon Volkov Pietroburgo. Storia culturale
Solomon Volkov Šostakovič e Stalin: l'artista e lo zar
Howard Rheingold Comunità virtuali
Bruno Osimo Il poeta in affari veniva da molto lontano
Bruno Osimo Esercizi di stile traduttivo

Bruno Osimo Melanzane dall'antipasto al dolce
Bruno Osimo Dizionario di psicoanalisi
Lucilla Porta, Una sorta di affetto. Romanzo
Tamara Nigi, Stazioni di transito. Haiku scritti sull'acqua
Poesia nascosta. Seicento ricette di cucina ebraica in Italia
Graziella Colonna, Memorie 1927-2024